**ilustraciones:** Vincent Boyer, Charles Dutertre, Julien Norwood

**concepción y realización gráfica:** Maryse Guittet

**búsqueda iconográfica:** Florence Labalette

## crédito iconográfico:

**págs. 8-9:** tiburón de arrecife, Nassau, Caribe, © Mark Spencer/Auscape/PHONE; **pág. 10 ctro. izq.:** cuarta de cubierta del *Petit Parisien*, 25 de abril de 1909, © Colección Kharbine-Tapabor; **pág. 11 arr. izq.:** ilustr. de Alphonse de Neuville para *20 000 leguas de viaje submarino*, Julio Verne, Éd. Hetzel, 1870, © Colección Kharbine-Tapabor; **ab. izq.:** cubierta de *L'Intrépide*, 1 de abril de 1923, DR; **ab. dcha.:** *Tiburón*, director: Steven Spielberg, 1975, cartel, © Photo12.com – Colección Cinéma; **pág. 12, ctro. dcha.:** pez martillo, Marcus Elieser Bloch, *Les Poissons*, © Bibliothèque municipale de l'Image; **pág. 13 arr. izq.:** tiburón requiem, César de Rochefort, *Histoire naturelle et morale d'Antilles de l'Amérique*, © Bibliothèque centrale/MNHN; **ctro. izq.:** zorro marino, Abbé Joseph Bonnaterre, *Tableau encyclopédique et méthodique des trois règles de la nature: ichtyologie*, © Bibliothèque centrale/MNHN; **pág. 15 ctro. izq:** estatua del rey Behanzin, hacia 1890, Benin, © Musée du quai Branly; **pág. 24 ctro.:** tiburón oceánico y peces piloto, © Agence Images/Iconos; **ab. izq.:** tiburón de arrecife y rémoras, © Tom Campbell/Still pictures/BIOS; **pág. 25 arr. izq.:** raya manta, Komodo National Park, Indonesia, © Cartwright Ian/Age/Hoa-Qui; **ab.:** quimera monstruosa, © Florian Graner/Nature PL/Jacana; **pág. 27 arr. izq.:** pez martillo, islas Coco, Costa Rica, © Phillip Coller/PHONE; **ctro. dcha.:** tiburón peregrino, © Alan James/Nature PL/Jacana; **ab. izq.:** tiburón tigre, © Agence Images/Iconos; **pág. 29 ab. dcha.:** zorro marino, © Perrine Doug/Nature PL/Jacana; **pág. 31 dcha.:** pez martillo, © Agence Images/Iconos; **pág. 34 ab. dcha.:** alimentación de un tiburón, © Agence Images/Iconos; **pág. 35 arr. dcha.:** gran tiburón blanco con buceador, Australia, © Jeffrey Rotman/BIOS; **ab. dcha.:** marcación de un tiburón ballena, océano Índico, Yibuti, Golfo de Tadjoura, © Alexis Rosenfeld; **pág. 36 ab. izq.:** gran tiburón blanco, Sudáfrica, © Brandon Cole/BIOS; **pág. 37 arr. dcha.:** buceador frente a un tiburón limón, Bahamas, © Jeffrey Rotman/BIOS; **pág. 40 arr.:** corte de aleta del jaquetón sedoso, Isla Socetra, Yemen, © Frédéric Denhez/BIOS.

© 2006, Tourbillon
Primera edición francesa de Tourbillon el 2006,
con el título *Les dessous des requins*
© 2007, de esta edición, Combel Editorial, S.A.
Casp, 79 · 08013 Barcelona
Adaptación: CÁLAMO&CRAN, S.L. (Elena Gallo y Jimena Licitra)
Primera edición: septiembre de 2007
ISBN: 978-84-9825-225-5
Impreso en Francia - nº L42562a

# Los secretos de los tiburones

Catherine Vadon

Combel
EDITORIAL

# índice

# introducción

Entre las cálidas aguas de las lagunas tropicales y la fría oscuridad de los abismos, los tiburones recorren los mares desde hace más de ¡450 millones de años!

Los hombres conocen su existencia desde la noche de los tiempos, pero en realidad sólo los observan de cerca desde el siglo XVIII. Los científicos cuentan hoy más de 400 especies de tiburones. Entre ellas, el pez martillo, el tiburón tigre y el gran tiburón blanco son muy famosos, pero ¿quién conoce al melgacho linterna o al tiburón alfombra?

Los tiburones, tanto los carnívoros como los comedores de plancton, desempeñan un papel fundamental en el equilibrio de la vida del océano.

Sin embargo, estas magníficas criaturas son hoy día más apreciadas por su carne que por su belleza: las pescas abusivas matan al año más de 100 millones de tiburones y suponen una amenaza para la renovación de muchos de ellos.

Las películas de catástrofes nos han hecho creer que todos los tiburones son unos asesinos despiadados cuyo único objetivo es dar caza al hombre y devorarlo. Pero hoy conviene despojarse de tales supersticiones, mirar a estos asombrosos animales con otros ojos y dedicarles toda la atención y el respeto que merecen. Tal vez entonces los hombres dejen de ser unos predadores tan peligrosos...

# el tiburón: ¿monstruo marino?

Durante mucho tiempo, el tiburón fue considerado como un monstruo sediento de sangre, una diabólica máquina de matar que surcaba sigilosamente los mares y surgía de repente para comerse de un bocado al despreocupado nadador.

## La leyenda griega de Andrómeda

Andrómeda era la hija del rey de Etiopía, Cefeo, y de Casiopea. A esta última le gustaba decir que era la más bella de su reino, más bella incluso que las Nereidas, las ninfas del mar. Éstas, furiosas, pidieron venganza a Poseidón, dios de los mares. Entonces el dios envió un monstruo —el tiburón, al parecer— para que asolara la costa, y su hija Andrómeda fue encadenada a una roca y ofrecida en sacrificio. Pero fue rescatada por Perseo, que logró matar a la terrible criatura.

## ¿de dónde viene "tiburón"?

*Shark* en inglés (tal vez del alemán *Schurk* o *Schurke*, "sinvergüenza" o "maleante"), *requin* en francés (de *requiem*, la oración de los muertos, pues se decía que todo aquel que se encontrara cara a cara con un tiburón ya podía recitar su última oración...), *squalo* en italiano, *tuburão* en portugués, *tauró* en catalán... El nombre del tiburón se asocia con la voracidad y la falta de escrúpulos.

## el tiburón en la novela de julio verne

"Era un tiburón de gran tamaño que avanzaba en diagonal, con los ojos encendidos y las mandíbulas abiertas. Yo estaba paralizado de terror, incapaz de hacer un solo movimiento [...]. Con el puñal en la mano, [el capitán Nemo] fue derecho al monstruo, dispuesto a luchar cuerpo a cuerpo con él. Iniciaron un terrible combate..."

*Julio Verne, 20000 leguas de viaje submarino, 1871.*

A partir del siglo XIX el "tiburón asesino" es titular de todos los periódicos sensacionalistas. Escafandras destrozadas, náufragos horrorizados y nadadores espantados ilustran las revistas de la época.

La película *Tiburón* fue un gran éxito de los años setenta. Trataba de un gran tiburón blanco, una auténtica máquina de matar que aterrorizaba las playas de Estados Unidos. Esta película dio muy mala prensa a los tiburones e infundió en muchos nadadores verdadero pánico hacia estos animales.

# de la leyenda a las observaciones científicas

A lo largo de la historia, se ha estudiado al tiburón cada vez con mayor precisión, pero fue necesario esperar hasta el siglo XIX para que los textos científicos erradicaran por completo el legendario pavor que provocaba este animal.

## en la antigüedad

El filósofo y científico griego **Aristóteles**, hacia el año 330 antes de Cristo, fue el primero en diferenciar los peces con esqueleto óseo de los peces con esqueleto cartilaginoso. Cerca de los pescadores adquirió Aristóteles todos sus conocimientos sobre los tiburones y su modo de vida.

## el renacimiento

Habrá que esperar más de 1500 años para que vuelvan a aparecer estudios científicos sobre los tiburones. En los hermosos libros ilustrados del Renacimiento, los científicos que estudian a los peces —los ictiólogos— describen diversas especies. Pero sus descripciones están todavía llenas de relatos maravillosos, como en la Edad Media, o fantásticos, inspirados en historias narradas por los viajantes.

escrito en el siglo XVI
"En Niza y en Marsella se cazaban antiguamente **lamias** (que eran probablemente grandes tiburones blancos), en cuyo estómago se ha llegado a encontrar un hombre entero armado. Creo que se llamó lamias a algunas brujas que codiciaban la carne humana, para lo cual seducían con todo tipo de placeres a jóvenes apuestos, para después comérselos."
Guillaume Rondelet, médico y naturalista, 1598.

## eL figlo xviii

Expediciones marítimas, organizadas a bordo de veleros, surcan los océanos en busca de animales todavía desconocidos. Muchos especímenes de tiburón, traídos por los viajeros naturalistas, llegan al Gabinete del Rey, en París (hoy Museo Nacional de Historia Natural), donde son descritos y clasificados por los especialistas. Pero el miedo ancestral que inspiran los tiburones sigue muy presente en todos los textos científicos de la época.

## eL figlo xix

Los tiburones son por fin estudiados con verdadero rigor científico, gracias a las grandes expediciones de barcos franceses, como *Le travailleur* y *Le Talisman*, por ejemplo, o ingleses, como el *Challenger*, sin olvidar las travesías del príncipe Alberto I de Mónaco.

# Los tiburones divinos

En algunas islas del océano Pacífico los indígenas consideraban a los tiburones como divinidades bienhechoras o los creían "poseídos" por los fantasmas de los muertos. Por este motivo no comían su carne.

## En el pacífico

En el archipiélago de Hawai, cada isla poseía su propio dios tiburón. Los dioses obedecían a su rey, el poderoso y respetado **Kamolhoali'i**, que "vivía" en una caverna, en algún lugar cerca de Honolulu. Tenía asombrosos poderes mágicos que le permitían, cuando quería, transformarse en humano o incluso controlar el mar y los vientos.

OCÉANO PACÍFICO

Las leyendas hawaianas cuentan cómo los dioses tiburón salvaban a los pescadores. Cuando los indígenas se encontraban perdidos en la tempestad, en su piragua, hacían una hoguera y, como ofrenda, vertían en el mar zumo de raíz de kava (una especie de pimienta). De esta forma avisaban al dios, y entonces Kamolhoali'i enviaba a sus tiburones, que surgían entre las olas, abrían sus mandíbulas para recibir la kava y guiaban la piragua hasta la orilla.

"Soy un tiburón. No abandonaré ni un ápice de mi reino", era la divisa del rey Behanzin, el último rey de Dahomey (África occidental). Esta estatuilla de madera, que lo representa en forma de rey tiburón, mide 1,60 m de altura.

## en las islas salomón

Cuentan allí la siguiente historia: "Un hombre navegaba en piragua entre las Hele Islands y Vangunu. A través de las inmensas olas sobrevino una borrasca y la piragua volcó. El hombre pensó que había llegado su hora, pero un tiburón que pasaba por allí lo dejó agarrarse a su aleta. El tiburón llevó al pescador a Vangunu, y desde aquel día es un buen amigo del hombre".

OCÉANO PACÍFICO

## en África

Los carpinteros de los barcos solían embadurnar con aceite de pez martillo la madera de los cascos de sus nuevas embarcaciones, porque, según ellos, les traía suerte.

Los pescadores de Vanuatu utilizaban amuletos hechos con dientes de tiburón para "proteger" sus embarcaciones.

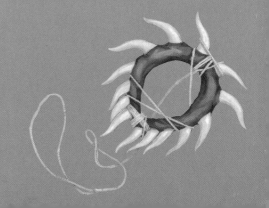

# Los antepasados

Los fósiles de tiburón más antiguos que se conocen se remontan nada menos que a... ¡450 millones de años! Comparados con los dinosaurios, éstos vivieron entre 240 y 65 millones de años, y los primeros hombres aparecieron hace poco más de cuatro millones de años.

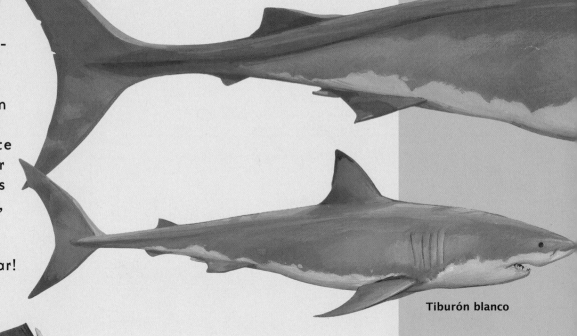

Tiburón blanco

## La edad de oro de los tiburones

Los tiburones proliferaron extraordinariamente hace **354 millones de años**. Eran muy numerosos en los océanos y en agua dulce, y probablemente llegaron a representar hasta el 60% de todas las especies de peces, frente a un 4% en nuestros días. ¡Hoy sería difícil de imaginar!

*Cladoselache*

*Stetacanthus*

## Formas desaparecidas

Uno de los tiburones más antiguos que se conocen, el *Cladoselache* (2 metros de largo), era un temible cazador, con el cuerpo en forma de torpedo, dos anchas aletas pectorales, la cola en forma de media luna y dos grandes espinas en la espalda. El *Stetacanthus* tenía dos almohadillas cubiertas de pequeños dientes, una encima de la cabeza y la otra en la espalda, al final de una especie de pedúnculo... ¡Era muy raro!

# eL carnívoro más grande de todos los tiempos

El *Carcharodon megalodon* (que significa "de grandes dientes"), aparecido hace 20 millones de años, debía de alcanzar los 15 metros de largo y pesar unas 20 toneladas, mientras que el tiburón blanco más grande conocido hoy "sólo" mide... ¡7 metros! De aquel gigante no se han encontrado más que sus enormes dientes, fosilizados, de 18 centímetros de largo. La mandíbula debía de medir ¡1,80 metros de ancho! Pero se conoce muy poco de su modo de vida.

*Carcharodon megalodon*

**Diente de *Megalodon* fósil**

**Diente de tiburón blanco actual**

## EL ENIGMA DE LAS GLOSOPETRAS

Hasta el siglo XVIII, no se asociaron estos dientes fósiles con los dientes de los tiburones vivos. Se los llamó "glosopetras" (del griego *glossos*, lengua, y *petris*, piedra), y se creía que eran lenguas de serpientes petrificadas. Algunos pensaban incluso que se trataba de dientes de una serpiente de mar gigantesca de la isla de Malta, o que caían del cielo durante los eclipses de luna, o incluso que eran la punta de flecha de los rayos.

## TRAS LAS HUELLAS DE UN ANTEPASADO DE TIBURÓN

**❶** Cuando muere el tiburón, su cuerpo cae al fondo del mar.

**❷** Poco a poco, los sedimentos (rocas, arena...) lo recubren. Su esqueleto de cartílago se descompone, sin dejar más que escasas huellas fosilizadas de su forma y su tamaño.

**❸** Pero sus dientes, que son muy duros, se conservan muy bien. Aún se encuentran muchos en nuestros días, pues, igual que los tiburones de hoy, aquellos tiburones perdían miles de dientes a lo largo de su vida.

# el tiburón
# mirado con lupa

Los tiburones son peces cuyo esqueleto está formado
de cartílago. Se distinguen de los peces óseos, que constituyen
la inmensa mayoría de los peces actuales.

La **columna vertebral**
se prolonga hasta la parte
superior de la cola.

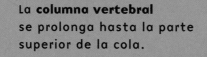

El **cuerpo** hidrodinámico del
tiburón surca el agua como
un torpedo.

Gracias al **esqueleto
de cartílago**,
el cuerpo del tiburón
es más flexible y
ligero que el de
los peces óseos.

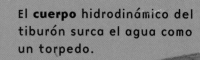

El **hígado** de los tiburones es enorme.
Les permite mantenerse a una
profundidad determinada y
desempeña en el tiburón las
funciones de la vejiga natatoria que
tienen los otros peces (que es una
especie de "flotador" relleno de
gas). Gracias a esta reserva de
energía, muy rica en aceite, los
tiburones pueden ayunar durante
varias semanas.

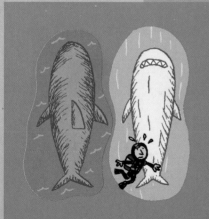

Los colores del gran
tiburón blanco o del
tiburón azul hacen que
sean muy difíciles de
ver en el agua.
• Visto desde arriba,
el dorso gris azulado se
confunde con el color
de las profundidades
marinas.
• Visto desde abajo,
el vientre blanco se
confunde con el agua
iluminada por el sol.

Si pasamos la mano por la **piel** de un tiburón, de la cabeza a la cola, la piel parece suave. Pero si lo acariciamos a "contrapelo", de la cola a la cabeza, ¡es un auténtico papel de lija! Esta rugosidad se debe a millones de pequeños dentículos (en vez de escamas) que tiene incrustados en la piel y orientados hacia atrás.

**Melgacho linterna**

## TIBURONES LUMINOSOS

Muchos tiburones que viven en la oscuridad de las profundidades tienen en el cuerpo pequeños órganos luminosos. Es el caso del tiburón cigarro, del pequeño melgacho linterna, o incluso del tiburón boquiancho, que atrae al plancton gracias a sus grandes labios luminiscentes.

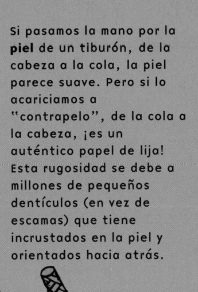

Mientras que los **ojos** del tiburón oceánico de punta blanca son muy pequeños, los de la cañabota bocadulce son enormes. Al atacar, algunos tiburones, como los peces martillo, cierran un tercer párpado de protección que recubre sus ojos. El gran tiburón blanco vuelve los ojos hacia atrás dentro de las órbitas.

Los tiburones nadan con la boca abierta: el agua entra por ella, las branquias retienen el oxígeno y el agua vuelve a salir por las **hendiduras branquiales**. Los tiburones que viven en medio del agua nadan sin parar para provocar esa corriente. En cambio, las especies que viven cerca del fondo bombean el agua gracias a unos músculos que abren y cierran sus hendiduras branquiales.

Algunos tiburones tienen un curioso método para desechar los objetos que se tragan y que no logran digerir: pueden vaciar su estómago dándole la vuelta y expulsando su contenido por la boca.

# ¡MáÍ de... 400 eÍpecieÍ!

Hay unas 470 especies de tiburones conocidas, con figuras y modos de vida muy diversos, que se dividen en ocho grandes grupos. Viven en todos los océanos del mundo, desde los polos hasta el ecuador y desde las costas hasta los abismos. Los hay incluso que viven en los ríos. Con frecuencia se siguen descubriendo especies nuevas, sobre todo en las grandes profundidades.

El hocico de los **tiburones sierra** termina en un rostro aplanado cubierto de espina. Cuando detectan a sus presas, hunden el hocico en la arena, lo agitan y atrapan los crustáceos y gusanos que salen espantados.

Los **angelotes** se esconden semienterrados y atrapan a las presas que pasan cerca de ellos. Sus grandes aletas pectorales, aplastadas, recuerdan las alas de un ángel.

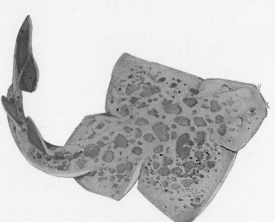

Los tiburones de fondo son más abundantes en las aguas cálidas y tropicales. Incluyen tanto especies pequeñas, como el alitán, como especies muy grandes y depredadoras, como el **tiburón tigre** o el **jaquetón toro**.

Los **tiburones anguila** se distinguen por sus grandes dientes de tres puntas, una boca que se abre desde el final del morro y seis hendiduras branquiales que forman una especie de gorguera (por eso recibe también el nombre de tiburón de gorguera). Nadan ondulando el cuerpo como las serpientes. La forma de su cuerpo no ha variado prácticamente nada desde hace... ¡20 millones de años!

Los **tiburones gata**, pequeños y rechonchos, se pasan el día quietos en el fondo y cazan por la noche. Los anchos orificios nasales de su hocico, en forma de jeta, detectan los olores más sutiles. Tienen las aletas dorsales armadas con una espina venenosa.

Los **tiburones alfombra** son una especie que vive en el fondo de las aguas cálidas o tropicales. Pasan el día al acecho y por la noche salen en busca de sus presas. Gracias a las manchas de su piel y a las barbillas de su boca se camuflan muy bien entre las rocas y las algas.

Algunas familias de tiburones, como los **lámnidos (cailón, marrajo dientuso, gran tiburón blanco)**, son grandes depredadores. Tienen el morro puntiagudo y la hendidura de su boca llega muy por detrás de los ojos. Cuando los pescadores veían los enormes bancos de caballa, cerca de las costas en verano, sabían que estos peces atraerían a decenas de tiburones y aprovechaban para cazarlos.

Los **escualos (mielga, cerdo marino)** habitan en todos los océanos, desde la costa hasta profundidades de 3600 metros. Tienen una fuerte espina en la parte delantera de cada aleta dorsal.

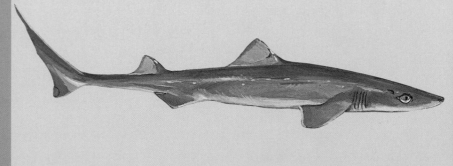

# récords de tiburón

## a todas las alturas

Algunas especies, como el tiburón ballena, viven cerca de la superficie, mientras que otras viven a más profundidad, como el extrañísimo tiburón duende, cuyo hocico es muy largo y triangular. Pero el récord lo tiene hoy el quelvacho negro, que ha llegado a pescarse a... ¡3600 metros de profundidad!

## grandes viajeros

Muchos tiburones realizan grandes migraciones: el tiburón azul recorre al año más de 25 000 kilómetros.

## ¡miles de tiburones!

Algunos tiburones se reúnen en grandes bancos, como las mielgas, que han llegado a reunirse en grupos de... ¡1 500 individuos!

## del menor al mayor

Mientras que el negrito cabe en la palma de la mano, el tiburón ballena es más largo que un autobús.

Negrito: 10 cm

Pintirroja: 1 m

Cerdo marino: 1,50 m

Tiburón de puntas negras: 2 m

Tiburón nodriza: 3 m

Jaquetón de ley: 4 m

Tiburón boquiancho: 5 m

Pez martillo: 6 m

Tiburón boreal: 7 m

# ¡150 años!

La mayoría de los tiburones viven entre 20 y 30 años, pero algunos alcanzan los 80 años de edad. Los especialistas creen incluso que el gran tiburón ballena puede llegar a los 150 años de vida, lo que lo colocaría entre los animales de mayor longevidad del planeta.

Estos dos últimos tiburones son los peces más grandes del mundo. Comen plancton y son inofensivos para los humanos.

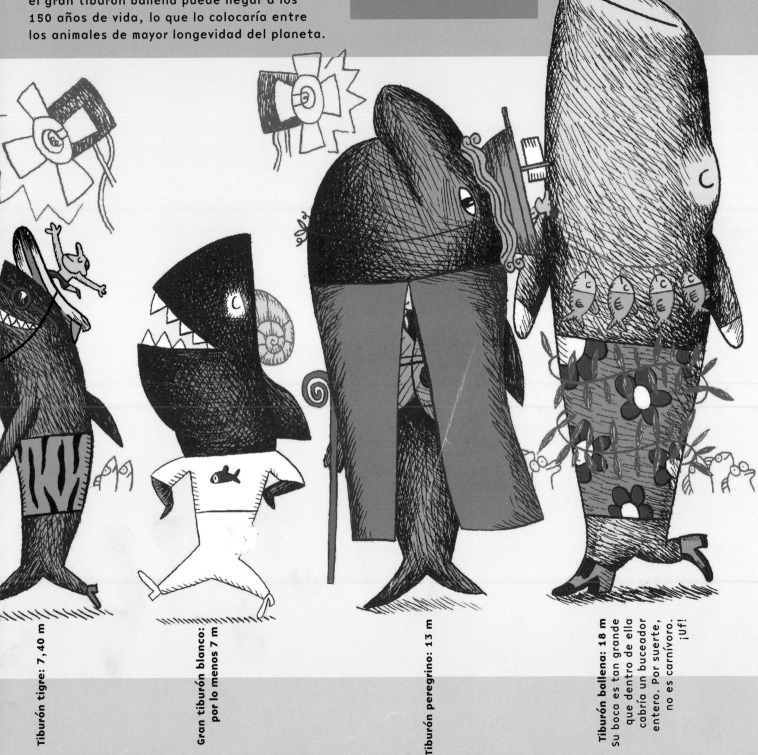

Tiburón tigre: 7,40 m

Gran tiburón blanco: por lo menos 7 m

Tiburón peregrino: 13 m

Tiburón ballena: 18 m
Su boca es tan grande que dentro de ella cabría un buceador entero. Por suerte, no es carnívoro. ¡Uf!

# Los amigos

## Los peces piloto

Al contrario de lo que se ha venido creyendo, los peces piloto no guían a los tiburones, sino que buscan en ellos protección. En submarinismo se ven a menudo peces piloto de rayas negras y amarillas escoltando a los tiburones. Van nadando delante de ellos, se acercan al buceador, curiosean a su alrededor y, de pronto, vuelven a toda prisa al lado de sus anfitriones.

## La rémora

Con la ventosa que tiene situada en la cabeza, la rémora se adhiere a tiburones, tortugas y cetáceos y se deja transportar por ellos. Los limpia de parásitos, al tiempo que se alimenta de los restos de sus comidas. En el siglo XVI, el médico Ambroise Paré llamaba a la rémora "pececillo contrahecho" y la clasificaba entre las "cosas maravillosas y monstruosas".

# Los parientes

## Las rayas

Las rayas son como tiburones aplanados con hendiduras branquiales en el vientre. Sus grandes aletas pectorales dan a su cuerpo forma de rombo.

La **raya manta** de los mares tropicales es inmensa: puede llegar a medir 8 metros de ancho. Al nadar ondula majestuo-samente sus "alas", y se alimenta de plancton que atrae a la boca gracias a sus dos largos "cuernos". A pesar de esta extraña figura, puede dar saltos espectaculares fuera del agua. ¡Que tenga cuidado aquel a quien le caiga encima!

Las especies de fondo tienen toda una colección de armas para cazar a sus presas y para escapar de sus depredadores. Algunas lanzan fuertes descargas eléctricas; otras están provistas de aguijones puntiagudos que inyectan un poderoso veneno.

## Las quimeras

Con su pico de ave, su cuerpo de pez, sus aletas en forma de alas y su cola de rata, este extraño pez, pariente lejano del tiburón, recibe el nombre de quimera, monstruo fabuloso de la mitología griega.

Las mandíbulas y los dientes de los tiburones están adaptados a su forma de alimentarse. Al contrario que los mamíferos, la mandíbula superior del tiburón no está soldada al cráneo, sino que se desencaja.

Cuando abre la boca para morder a una presa, proyecta las mandíbulas hacia adelante y echa el morro hacia atrás.

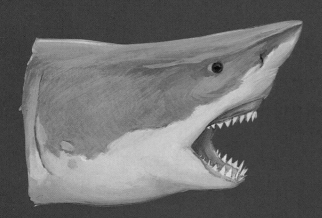

Su boca ya no queda debajo de la cabeza, sino que se sale hacia fuera. Hinca los dientes en la presa al tiempo que sacude el cuerpo frenéticamente, y las mandíbulas se transforman en feroces sierras.

# alimentarfe

Las mandíbulas, temibles, están formadas por cientos de afilados dientes dispuestos en varias filas. Como si estuvieran en un "pasillo rodante", cada diente que se cae es sustituido por otro. Así, al tiburón le crecen miles de dientes a lo largo de su vida.

¡Cada uno de los dientes del **tiburón galano** se renueva cada 15 o 20 días!

El **tiburón cigarro** se adhiere a los grandes tiburones, delfines y focas con la ayuda de sus labios-ventosa. Luego, girando rápidamente sobre sí mismo, recorta un trozo de carne con sus dientes cortantes. En Estados Unidos se lo conoce con el nombre de *cookie cutter*, pues las cicatrices que deja en sus víctimas tienen forma de galleta (*cookie* en inglés).

El **gran pez martillo** puede tragarse rayas eléctricas de un bocado. Se han llegado a encontrar decenas de aguijones de raya incrustadas en las mandíbulas de los peces martillo.

Los dientes largos y estrechos del tiburón toro le sirven, no para morder, sino para atrapar de un bocado y aprisionar peces, calamares y otras presas escurridizas.

El **tiburón peregrino** avanza despacio, muy cerca de la superficie, con la boca abierta de par en par. Se alimenta de plancton y llega a filtrar hasta... ¡2 000 toneladas por hora! El plancton se queda retenido entre las largas hendiduras branquiales y luego es empujado hasta el estómago, que puede almacenar hasta 500 kilos. Las hendiduras branquiales se le caen en invierno y vuelven a formarse al principio de la primavera.

El **tiburón tigre** tiene dientes tan afilados y cortantes que puede masticar sin ningún problema una tortuga marina, ¡con caparazón y todo! Es omnívoro; come de todo: medusas, gaviotas, otarios, incluso latas de conserva y botellas de plástico.

La boca del **tiburón de Port-Jackson** tiene en la parte delantera dientes muy puntiagudos para atrapar a sus presas y en el lateral dientes planos y macizos para aplastar las duras conchas calcáreas de los moluscos.

Las **aletas anales y dorsales** del tiburón impiden que se vuelque hacia la izquierda o la derecha.

aleta dorsal

aleta anal

aleta pectoral

Las **aletas pectorales** son largas y rígidas y lo ayudan a mantener el equilibrio en horizontal. Le impiden volcarse hacia adelante o hacia atrás y, cuando se inclina, le sirven para cambiar de dirección o para frenar.

Los tiburones se desplazan ondulando el cuerpo. Para atacar a sus presas, algunas especies se impulsan de forma fulminante: ponen el cuerpo rígido y dan furiosos latigazos en el agua con la cola.

# diferentes formas de nadar y cazar

La forma de la cola de los tiburones depende de su modo de vida: sus dos lóbulos pueden ser simétricos o completamente diferentes. Los tiburones son capaces de modificar su forma de nadar al atacar a las presas.

## ¿Sangre caliente?

Cuando los marrajos nadan, el calor que generan sus músculos se extiende por todo el cuerpo. Su temperatura interior puede aumentar y alcanzar 10°C más que la del agua que lo rodea.

¡Una solución perfecta para entrar en las aguas glaciales del Atlántico Norte!

## La ronda del hambre

Algunos tiburones, como el tiburón azul o el tiburón oceánico (o jaquetón de ley), se acercan a su presa con prudencia y van dando vueltas lentamente alrededor de ella. Van cerrando los círculos cada vez más, hasta que lanzan un primer ataque. Si otros tiburones de la zona acuden desde la superficie o suben de las profundidades, se inicia una pelea. Cuando la comida abunda, los tiburones se llegan a concentrar por millares y son presa de un auténtico frenesí; entonces son capaces de morder todo lo que se les ponga por delante, ¡incluidos a los de su especie!

## ¡a toda velocidad!

El cuerpo en forma de torpedo, el hocico puntiagudo y una cola casi simétrica: tales son las características de los nadadores veloces. La velocidad media del gran tiburón blanco es de unos 3 kilómetros por hora. El más rápido, el marrajo dientuso, puede abalanzarse sobre su presa a... ¡25 kilómetros por hora!

El **tiburón tigre** practica giros rápidos y repentinos para sorprender a sus presas.

La larga cola del **zorro marino** le da una extraordinaria fuerza al nadar y le sirve como arma para asestar golpes a los bancos de peces.

# trucos de tiburón

Los sentidos del tiburón, mucho más agudos que en cualquier otro animal, le proporcionan una prodigiosa capacidad para detectar presas y para orientarse.

## COMO LOS GATOS

Los ojos de los tiburones tienen una especie de espejo reflector que amplifica la luz en la retina, lo que les permite ver bien en la oscuridad. Algunos llegan a detectar luminosidad diez veces más débil que la que nosotros percibimos.

## UNA HERRAMIENTA ÚNICA DE DETECCIÓN

El hocico de los tiburones está sembrado de minúsculos agujeritos, llamados "ampollas de Lorenzini" (del nombre de quien las estudió), gracias a los cuales detectan los campos eléctricos que emiten sus presas, incluso si están escondidas. Esta dotación los ayuda a notar ínfimas diferencias de temperatura para localizar las corrientes oceánicas cálidas, que son muy ricas en presas. También les permite orientarse respecto al campo magnético terrestre durante sus migraciones.

## UN OLFATO MUY DESARROLLADO

Igual que un perro que husmea tras la pista, el tiburón es capaz de seguir el rastro de un olor a través de kilómetros de mar para llegar a su origen. ¡Es capaz de detectar sangre de mamífero diluida mil millones de veces!

Al nadar, el pez martillo balancea su enorme cabeza en forma de T (su "martillo"), que tiene un ojo a cada lado. Sus orificios nasales (70 centímetros o más) localizan los olores, y gracias a centenas de receptores, sensibles a las vibraciones, puede fácilmente detectar a sus presas.

## Sensible a los sonidos

En el agua, los sonidos se propagan cinco veces más deprisa que en el aire. Gracias a su oído interno, que alberga gran cantidad de pequeños receptores, los tiburones están muy bien dotados para detectar los sonidos.

Pueden percibir las pulsaciones del agua que emite un pez que esté forcejeando a varios kilómetros de distancia.

Algunos pescadores del Pacífico utilizan esta sensibilidad para atraer a los tiburones con carracas fabricadas con nuez de coco.

## probar antes de comer

Gracias a una especie de papilas gustativas que tienen, los tiburones prueban su comida... ¡y la escupen si no les gusta!

# CÓMO NACEN LOS TIBURONES

Los peces tienen dos maneras de reproducirse: unos ponen gran cantidad de huevos y los abandonan, y en este caso sólo algunos de ellos sobreviven; otros ponen sólo unos pocos huevos y se encargan de cuidarlos para que sobrevivan. Esta segunda estrategia es la que han desarrollado los tiburones.

## EN LOS OVÍPAROS,

como el **alitán**, la hembra pone huevos envueltos en una cápsula. El embrión se desarrolla en el interior y se alimenta de una sustancia amarilla parecida a la yema de huevo de las aves.

Los huevos se pegan a las algas gracias a unos filamentos retorcidos.

Otros huevos, en forma de tirabuzón, se hunden en la arena.

Varios meses más tarde, la cáscara se desgarra y sale el bebé tiburón.

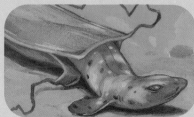

## EN LOS VIVÍPAROS,

como el **cazón**, el **pez martillo** o
el **tiburón oceánico**, las crías se
desarrollan en el vientre de la madre y
se alimentan gracias al cordón
umbilical, como los mamíferos.

Al nacer, las crías
son capaces de arreglárselas
ellas solas.

## EN LOS OVOVIVÍPAROS,

que son los más numerosos,
los huevos se desarrollan y se
abren en el interior de la madre.
El **tiburón tigre** puede tener
hasta 50 crías de una sola vez.

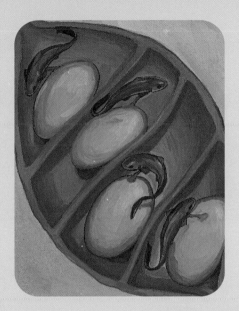

### BEBÉ CANÍBAL

¡Los jóvenes tiburones toro
son caníbales!
En el vientre de la madre,
el que antes crece antes devora...
¡a sus hermanos embriones!
Nace un único bebé,
que es el más fuerte.

El tiburón hembra lleva
dentro a las crías durante
varios meses. ¡La **mielga**
durante casi dos años!

# observar de cerca a los tiburones

Con las aletas en los pies y la botella de oxígeno a la espalda...
el submarinismo es la mejor forma de observar a los tiburones.
Y en la zona tropical es donde más oportunidades hay de ver a los más grandes.
Estos encuentros generan al mismo tiempo desconfianza y admiración,
¡pero son siempre escalofriantes!

### "¡a comer!"

Hoy día, algunos clubes de submarinismo —en Polinesia, Caribes, California— organizan sesiones de "alimentación", que consisten en ofrecer pescado a los tiburones para poder observarlos de cerca. Esta actividad requiere que se conozca muy bien su comportamiento y que no se olvide nunca que estos animales salvajes son muchas veces imprevisibles.

A partir de los años cincuenta, el comandante **Jacques-Yves Cousteau**, a bordo del *Calypso*, se dedica a hacer reportajes en todos los mares del planeta y, con la cámara en la mano, graba a los tiburones para enseñárselos al gran público. Los famosos cineastas australianos Ron y Valerie Taylor, a pesar de sus trajes de cota de mallas para protegerse de los mordiscos, ¡se exponen a graves peligros!

## jaulas para observar tiburones

En Australia y en África, para fotografiar al gran tiburón blanco, los buceadores se sumergen en una jaula metálica enganchada a un barco y con flotadores que la mantienen en la superficie. Los barrotes protegen a los buceadores, pero no pocas veces los tiburones han sacudido violentamente la jaula. ¡Para el que quiera experimentar emociones fuertes...!

## en acuario

En todas partes del mundo, los acuarios tienen tiburones. A veces los visitantes pueden verlos muy de cerca en túneles de observación con paredes de cristal. Suelen ser tiburones de fondo, de tamaño pequeño, pues los grandes especímenes necesitan amplios espacios y no se adaptan a la vida en cautividad.

## ¿de dónde vienen? ¿adónde van?

Los tiburones son más difíciles de seguir que las ballenas, que suben con regularidad a la superficie para respirar. Algunos bajan a gran profundidad y tardan mucho tiempo en volver a subir. Otros, aunque abundan en determinados espacios, desaparecen durante meses. Para comprender mejor los desplazamientos del tiburón peregrino, por ejemplo, los científicos capturan unos cuantos; con cuidado, los marcan o les colocan emisores de radio, y luego vuelven a liberarlos. A veces también les colocan balizas muy perfeccionadas que al cabo de varios meses se sueltan, suben a la superficie y envían a los satélites los datos que han registrado.

# cuidado: ¡peligro!

Cada año se declaran en el mundo unos sesenta ataques de tiburones contra los humanos. De ellos, una treintena son mortales. Es una cifra muy baja, en comparación con el número de ataques de animales terrestres como los leones, los tigres, los elefantes o... ¡las abejas!

PELIGRO

**PARECIDO ENTRE UNA FOCA (ARRIBA) Y UN SURFISTA (ABAJO) VISTOS DESDE ABAJO.**

Cuando nada bajo el agua, un buceador forma parte del paisaje marino. Son los movimientos de los pies y de las manos de los nadadores en la superficie del agua los que pican la curiosidad de los tiburones.

## ¿es el tiburón blanco un comedor de hombres?

Aunque es verdad que la fuerza de este gigante es formidable, se ha exagerado su reputación de comedor de hombres. El tiburón blanco no ataca por sistema al buceador que se cruza en su camino, sino que suele contentarse con "examinarlo".

ALGUNOS CONSEJOS EN AGUAS TROPICALES

• No hay que bucear nunca solo ni de noche, ni en aguas turbulentas, y menos aún con una herida sangrante.

• No deben llevarse objetos brillantes.

• Tampoco deben sujetarse al cinturón los peces capturados durante la pesca submarina.

• Cuando se divise un gran espécimen, hay que intentar salir tranquilamente del agua o intentar alcanzar la playa.

• Nunca hay que bañarse cerca de focas, que son la comida favorita de los grandes tiburones.

¡Gracias!

## ¿qué Hacer frente a un tiburón?

La curiosidad es la que suele llevar al tiburón a acercarse a un buceador y, en general, pasa rápidamente de largo. En cambio, se vuelve muy agresivo si siente que su territorio está amenazado. Para el buceador es muy importante saber reconocer las diferentes formas de nadar del tiburón, pues suelen ser el último aviso antes del ataque.

## Los más peligrosos

Sólo son peligrosas unas treinta especies de tiburones. Entre las más temibles: el gran tiburón blanco, el tiburón toro, el tiburón tigre, el tiburón galano (o tiburón limón), el pez martillo, el marrajo dientuso.

# se vende...
## de la cabeza a los pies

Antiguamente, en el campo se decía: "Del cerdo se come todo", para indicar que se podía aprovechar hasta la última parte de su cuerpo. Este proverbio podría aplicarse perfectamente al tiburón...

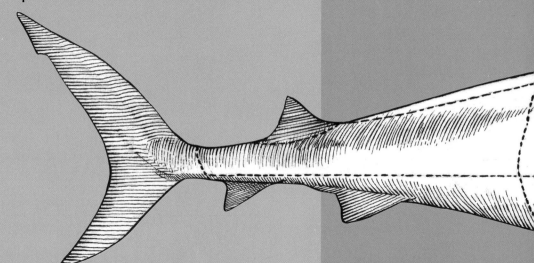

Los romanos ya utilizaban la **piel** rugosa y resistente de los tiburones para pulir la madera y el marfil. Bien preparada, la piel de tiburón se consideraba preciosa y se empleaba en sustitución del cuero para recubrir las empuñaduras de los sables de los samuráis, los joyeros, los muebles...

Aunque la carne de algunos tiburones, como el tiburón boreal, es tóxica, otras son comestibles: la carne de cazón, también conocido en la cocina española como "bienmesabe", se encuentra en todos los bares de "pescaíto" del sur de España. En Inglaterra, el pescado de los *Fish and Chips* empezó siendo tiburón. Y en Francia comen tiburón sin saberlo: por ejemplo, el alitán, sin piel, se vende con el nombre de "salmoneta" y el tiburón azul se conoce allí como "buey de mar".

Los antiguos marinos confeccionaban bastones con **vértebras** de tiburón.

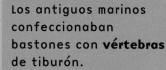

Las **aletas** son muy
valiosas para los
asiáticos. Las secan
y les quitan la piel, y
deshilachan la carne
en hilos amarillos y
gelatinosos que sirven
para preparar la sopa
de aleta de tiburón.

En Francia, en
el siglo XVII,
se aconsejaba comer
el **cerebro** del tiburón
para calmar los dolores
del parto.

Los tiburones tienen
un **hígado** rico en aceite
y en vitaminas A y D.
Uno de los
constituyentes
de este aceite,
el escualeno, sirve para
fabricar productos de
belleza y medicamentos.

En Oceanía, se fabricaban armas
de filo con **dientes** del tiburón cosidos
sobre madera. Hoy día, con los dientes
se hacen colgantes y amuletos,
y las mandíbulas se conservan
como trofeos.

¡Grrr!

¡Vale!, ya nos vamos

# el tiburón en peligro

En los pueblos tahitianos, esquimales y japoneses, la captura de tiburones se practica desde hace siglos. Pero en los últimos años esta pesca se ha intensificado tanto en todos los océanos del mundo que pone en peligro su supervivencia.

## muy vulnerables

La explotación intensiva es muy peligrosa para la supervivencia de los tiburones. Se pescan a edades tempranas, por lo que los adultos no tienen tiempo de reproducirse. Una hembra de tiburón blanco, por ejemplo, sólo puede tener hijos a partir de los 10 años de edad, cuando mide 4-5 metros, y tras casi dos años de gestación sólo tiene de una a diez crías.

**Pesca de arrastre**

## en el mundo se cazan ¡100 millones de tiburones al año!

Aunque se cazan muchos tiburones en pesca deportiva, los pescadores profesionales son los que matan la mayor parte. Según los países, la pesca puede ser de arrastre (con una gran red que se arrastra detrás del barco y que barre el fondo); con redes gigantes de varios kilómetros de largo, en las que se enredan los tiburones, o con palangre (cordel muy largo, de hasta 5 kilómetros, del que cuelgan anzuelos con cebos cada 15 metros). Los barcos de pesca, cada vez más numerosos, están hoy día equipados con toda una gama de herramientas de detección supereficaces.

## cooperación internacional

Durante sus migraciones, los tiburones recorren grandes distancias y cruzan aguas pertenecientes a numerosos países. Para protegerlos con eficacia, todos los países deberían ponerse de acuerdo y actuar conjuntamente. Desde octubre de 2004, el gran tiburón blanco está protegido por la CITES (Convención sobre el Comercio Internacional de Especies Amenazadas de Fauna y Flora Silvestres) que prohíbe su comercialización. En todas partes del mundo, instituciones de investigación, universidades, laboratorios privados, etc., luchan para proteger a los tiburones... ¡Pero todavía queda mucho por hacer!

# La hora del test

¿Cuánto podía llegar a medir de largo el enorme *Carcharodon*?

- 10 metros
- 15 metros
- 30 metros

Respuesta: 15 metros

---

Kamolhoali'i es el nombre de un dios tiburón:

- de África
- de Asia
- del Pacífico

Respuesta: del Pacífico

---

Antiguamente se llamaban "glosopetras" a los dientes de tiburones fosilizados.

¿Verdadero o falso?

Respuesta: verdadero

---

Los tiburones alfombra se llaman así porque:

- se utilizan para limpiarse los pies
- tienen el cuerpo aplanado

Respuesta: tienen el cuerpo aplanado

---

A lo largo de su vida, un tiburón puede llegar a perder:

- decenas de dientes
- centenas de dientes
- miles de dientes

Respuesta: miles de dientes

---

¿Cuánto mide el tiburón conocido como "negrito"?

- 2 centímetros
- 10 centímetros
- 20 centímetros

Respuesta: 10 centímetros

---

¿Cuál es más peligroso: el tiburón tigre o el gran tiburón blanco?

Respuesta: tan peligroso es uno como otro.

---

¿Cuántas hendiduras branquiales tiene el tiburón anguila?

- 5
- 6
- 8

Respuesta: 6

---

¿Cuál es el tiburón más grande del mundo?

- el tiburón ballena
- el tiburón peregrino
- el gran tiburón blanco

Respuesta: el tiburón ballena

¿Qué confeccionaban antiguamente los marinos con las vértebras de los tiburones?

- ceniceros
- bastones
- collares

Respuesta: bastones

¿Qué otro nombre recibe en España el cazón?

- bienmesabe
- nomeolvides
- cazolillo

Respuesta: bienmesabe

¿Cuántos kilos de plancton puede almacenar el estómago de un tiburón peregrino?

- 50 kilos
- 500 kilos
- 5 000 kilos

Respuesta: 500 kilos

En el siglo XVII, los médicos aconsejaban comer cerebro de tiburón para:

- curar los callos de los pies
- calmar los dolores
- volverse más inteligente

Respuesta: calmar los dolores

Se han llegado a pescar tiburones hasta:

- 400 metros de profundidad
- 1 000 metros
- más de 3 000 metros

Respuesta: más de 3 000 metros

¿Qué se prepara con las aletas de los tiburones?

- raviolis
- sopa
- pasteles

Respuesta: sopa

¿Por qué algunos tiburones se llaman peces martillo?

- porque están un poco locos
- porque tienen la cabeza aplastada, en forma de martillo

Respuesta: porque tienen la cabeza aplastada, en forma de martillo

¿Qué no come un tiburón tigre?

- latas de conserva
- focas
- botellas de plástico

Respuesta: ¡come de todo!

¿Dónde hay más oportunidades de ver tiburones?

- en el Polo Norte
- en el Polo Sur
- en las lagunas tropicales

Respuesta: en las lagunas tropicales